Raconte-moi l'Irlande

DUBLIN

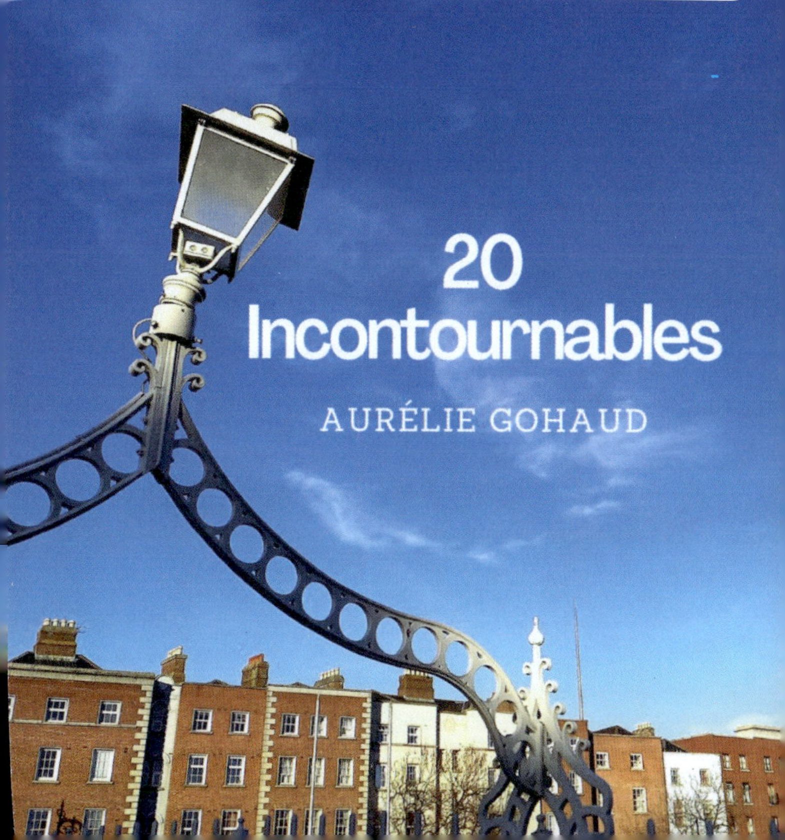

20 Incontournables

AURÉLIE GOHAUD

À propos de l'auteure

Aurélie Gohaud vit en Irlande depuis 2003, une grande partie de ces années installée à Dublin, dans la capitale irlandaise, où elle réside toujours aujourd'hui. Grande voyageuse, Aurélie a aussi travaillé comme développeuse de séjours et rédactrice de guides pour un tour opérateur irlandais, des expériences qui lui permettent aujourd'hui de proposer ses propres ouvrages, sur une destination pour laquelle elle est experte.

Curieuse et amoureuse de sa ville, c'est à pied qu'elle passe beaucoup de temps à explorer Dublin, à observer ses gens, ses ambiances, à écouter les accents des différents quartiers, à sourire d'un bon mot entendu sur un trottoir. Depuis 2020, elle a profité des longues périodes de confinement à Dublin pour accumuler kilomètres, photos et davantage de connaissances encore sur la ville dont elle dit être amoureuse comme au premier jour.

Aurélie propose en Français des visites guidées de Dublin et de Howth, à pied, l'occasion pour elle de partager sa ville d'adoption et l'Irlande plus en profondeur et de répondre aux questions des visiteurs, petits comme grands. Détails et réservations sur https://raconte-moi-l-irlande.com/visites-guidees-dublin-en-francais/.

Aurélie est aussi l'auteure d'un recueil de 12 contes pour enfants « remplis d'Irlande » : Les Aventures de Séamus le leprechaun ainsi que d'autres ouvrages jeunesse dédiés à l'Irlande.

Textes, photos, et conception graphique : Aurélie Gohaud
Cartes issues d'OpenStreetMap
Publié par Aurélie Gohaud
ISBN : 979-841446982-7

Introduction

Dublin est une ville jeune et dynamique, une capitale qui semble toujours courir pour rattraper un subtil retard sur ses consœurs européennes. De son passé colonisé, Dublin garde architecture et de nombreux monuments, mais elle a aussi développé sa propre identité, une âme qui est propre à cette ville à taille humaine. Charmante plus que belle, elle sait séduire par sa nonchalance et les détails qui subsistent d'une époque pas si lointaine (que j'ai connue), où les commerçantes de Moore Street étaient réapprovisionnées par une charrette tirée par un cheval de trait.

Chacun des 20 incontournables de ce guide, je les côtoie régulièrement, certains quotidiennement. 15 d'entre eux ont été plutôt simples à identifier, et pour m'arrêter à 20 (au-delà, il me semble, il ne s'agit plus d'incontournables, d'essentiels, de « à voir absolument »), j'ai réfléchi à la diversité, la localisation, l'intérêt de chacun des lieux sélectionnés pour le visiteur qui découvre Dublin.

Ce guide étant réalisé de manière totalement indépendante, j'ai tenu à être transparente et à donner mon avis sur l'intérêt des lieux à visiter, notamment ceux à l'entrée payante.

En faisant le tour de ces 20 incontournables, vous aurez en tant que visiteur un bon aperçu de Dublin dans son ensemble, de son histoire, de sa culture, de ses ambiances, de son architecture et de ses paysages.

Je vous souhaite une très belle découverte dublinoise,

Aurélie Gohaud

Sommaire

Incontournables historiques

L'histoire de Dublin comme lieu d'installation remonte à environ 10 000 ans. Si l'Irlande n'a jamais été envahie par les Romains, Dublin n'a, par le passé, jamais été habitée par les autochtones. En effet, idéalement située sur la côte de la Mer d'Irlande, tout en étant naturellement protégée par sa baie, Dublin a toujours attiré les envahisseurs venus de l'extérieur. Ce sont cependant les Vikings qui, dès le 9ème siècle, en ont fait une place forte en construisant ce qui était, à l'époque, le premier centre « urbain » de l'Irlande du Moyen-Âge. Le nom actuel de la capitale provient d'ailleurs de cette époque : An Dubh Linn, signifiant « le bassin d'eau noire ».

Au 12ème siècle, Henri II, roi d'Angleterre et duc de Normandie et d'Aquitaine (il est né et mort en France), propose son aide pour chasser de nouveaux envahisseurs venus du Nord de l'Europe, les Danois. Bataille gagnée, Henry II prend le contrôle de Dublin. À partir de cette période et jusqu'aux temps modernes, Dublin sera principalement peuplée de colons venus d'Angleterre et du Pays de Galles.

En 1541, Henri VIII devient le premier roi anglais d'Irlande, le début d'une dominance accrue et d'une colonisation qui passera par le contrôle de la terre, de l'Eglise, de la langue, des lois, de l'éducation et de la culture.

Au 17ème siècle, sous les ordres du terrible Cromwell, l'Irlande est mise à feu et à sang, le culte catholique est interdit, et les terres sont prises aux autochtones à la faveur des colons anglais. À cette époque, l'Angleterre déclare Dublin comme une ville principalement protestante.

Au 18ème siècle, Dublin est une ville prospère qui attire de nombreux protestants de l'aristocratie anglo-irlandaise. C'est aussi à cette époque que les ruelles médiévales de Dublin sont remplacées par de larges avenues néo-classiques. C'est la construction de bâtiments tels que Custom House ou Four Courts sur les quais, ou de Trinity College, par exemple.

Le 19ème siècle voit la colère et la rébellion des catholiques s'accroître, la revendication de l'identité irlandaise naître, à Dublin comme dans le reste de l'île. En 1843, Daniel O'connell, surnommé le Libérateur, devient le premier maire catholique de la ville. Peu de temps après, l'île est frappée par ce qu'on appellera la Grande Famine, une époque dramatique qui disséminera la population irlandaise, sauf à Dublin, qui voit sa population gonfler par le nombre de ceux qui fuient misère et pauvreté des campagnes. En réponse, le pouvoir britannique interdit la mendicité dans la ville et les prisons dublinoises deviennent vite surpeuplées et insalubres.

Le port de Dublin est modernisé au début du 19ème siècle pour accueillir la flotte de navires de marchandises de plus en plus importante. Mais entre la deuxième moitié du 19ème siècle et les premières décennies du 20ème siècle, le port de Dublin sera surtout, pour beaucoup d'Irlandais émigrants, le port de départ vers l'espoir et la quête d'une vie meilleure, vers un ailleurs plus prometteur. Entre 1890 et 1901, par exemple, ce sont plus de 430 000 passagers qui en partiront.

POBLACHT NA H EIREANN
THE PROVISIONAL GOVERNMENT
OF THE
IRISH REPUBLIC
TO THE PEOPLE OF IRELAND

Le début du 20ème siècle sera très mouvementé en Irlande, ainsi qu'à Dublin, les Irlandais multipliant les actions pour gagner leur indépendance face à l'occupant britannique toujours en place. En 1916, c'est le Soulèvement de Pâques durant lequel la GPO sur O'Connell Street est prise d'assaut et assiégée par les indépendantistes qui y proclament la formation de la République d'Irlande.

Dès la fin des années 60, les Troubles d'Irlande du Nord impactent fortement le quotidien à Dublin. Des attentats, des assassinats, des manifestations ont lieu dans la capitale de la République d'Irlande pendant toute cette période. En 1972 par exemple, après le tristement célèbre Bloody Sunday de Derry en Irlande du Nord, l'ambassade britannique à Dublin est incendiée, son ambassadeur assassiné en 1976.

En 1979, le pape Jean-Paul II se rend à Dublin. Plus d'un million d'Irlandais (un quart de la population du pays !) se déplacent à Phoenix Park pour assister à la messe papale.

Après des décennies de disette sur le plan économique, le début des années 1990 voit l'avènement du Tigre Celtique, un boom économique sans précédent engendrant le plein-emploi pendant plus d'une décennie. Dublin devient une capitale jeune et dynamique et attire multinationales et jeunes travailleurs européens venant y trouver un nouvel El Dorado. C'est aussi à cette époque que l'Irlande reçoit une campagne de fonds de l'Union Européenne pour se développer, et Dublin en profite grandement. Le château de Dublin sera rénové en partie grâce à ces fonds européens. L'Irlande et Dublin rayonnent en Europe et à travers le monde, y compris culturellement. Temple Bar devient le quartier culturel et festif de la capitale. Et puis, un soir d'Avril 1995, c'est la naissance devant les yeux de millions de téléspectateurs, de Riverdance, lors de l'entracte de l'Eurovision qui se tenait à la salle de spectacle The Point (aujourd'hui 3 Arena).

En 2011, invitée par Mary McAleese alors présidente d'Irlande, la reine Elizabeth II fut le premier monarque britannique à se déplacer à Dublin depuis 100 ans, une première visite depuis l'indépendance de la République d'Irlande.

Incontournables factuels

- Dublin est la capitale de la République d'Irlande.
- À Dublin, on parle exclusivement anglais, même si le gaélique est, dans la constitution irlandaise, la première langue officielle du pays.
- La population du grand Dublin en avril 2021 était estimée à 1,43 million de personnes, soit 28,5 % de la population totale du pays. (source : C.S.O., bureau des statistiques irlandais).
- Le comté de Dublin est le troisième plus petit comté du pays en superficie.
- La moyenne annuelle des précipitations de Dublin est de 758 mm / an. Celle de Rome est de 804 mm / an, celle de New-York de 1268 mm / an.
- 3 dublinois ont reçu le Prix Nobel de littérature : W.B. Yeats, George Bernard Shaw et Samuel Beckett. James Joyce ne l'a jamais reçu.
- En 2019, Dublin a enregistré son record du nombre de touristes, avec 6,6 millions de visiteurs accueillis durant l'année.

Incontournables du calendrier

- **Février – mars : Tournoi des 6 Nations (rugby).** Quand l'Irlande joue à domicile, les pubs sont envahis de maillots verts et de ceux des équipes adverses. Les matchs se jouent au stade de Landsdowne Road / Aviva Stadium, accessible en Dart, le train côtier dublinois. Si l'ambiance en immersion vous intéresse, c'est dans l'un des pubs proches du stade qu'il faut vous rendre. Attention ! Risque d'affluence aux abords du stade : les supporters irlandais passent au pub avant et après le match.

o **Semaine du 17 mars : Saint Patrick.** Le festival s'étale désormais sur la semaine qui entoure la fête du saint patron de l'Irlande. La Saint Patrick de Dublin attire chaque année des millions de visiteurs du monde entier. Les prix flambent, les pubs débordent, et la Guinness coule à flot. Programme sur www.stpatricksfestival.ie.

o **Les week-ends de Bank holidays :** Jour fériés créés de toute pièce à l'époque où l'Irlande était encore sous le régime britannique. Il s'agissait d'accorder des jours de repos aux employés de banque. Ambiance garantie dans les pubs lors de chacun de ces longs week-ends, souvent même dès le Jeudi soir les précédant. Il y en a 4 et ils tombent systématiquement un lundi.

Les 4 lundis fériés

- 1er lundi de mai
- 1er lundi de juin
- 1er lundi d'août
- Dernier lundi d'octobre

o **3ème week-end de juin : Dublin Pride.** C'est ainsi qu'est nommée localement la Gay Pride et les festivités qui l'entourent dans la capitale irlandaise. En 2015, l'Irlande était le premier pays au monde à légaliser le mariage gay. Depuis, la Gay Pride de Dublin a pris une ampleur conséquente. Les monuments publics arborent le drapeau arc-en-ciel, tout comme les *garda stations* (gendarmeries), les banques et, bien sûr, les commerces. Programme sur www.dublinpride.ie.

○ **Les week-ends de juin et juillet : All-Ireland Championship (sports gaéliques).** Sports autochtones, ils sont les sports les plus populaires d'Irlande, bien devant le football ou encore le rugby. Durant les week-ends d'été, les comtés finalistes s'affrontent au stade de Croke Park (80 000 personnes, à guichet fermé). Dublin est alors envahi des couleurs de ces comtés. Le samedi a lieu le match de football gaélique, le dimanche le match de hurling. Le football gaélique domine largement dans le cœur des Dublinois. Dublin est d'ailleurs le seul comté à avoir remporté le championnat 6 fois consécutives (2015-2020). A noter que le calendrier a été modifié depuis 2022 (les matchs étaient auparavant étalés entre juilet et septembre).

Chaque week-end, les pubs suspendent les drapeaux aux couleurs des comtés qui s'affrontent. Ils sont toujours bicolores. Les couleurs de Dublin sont le bleu marine et le bleu ciel.

○ **31 octobre : Halloween.** Halloween est une fête ancestrale, originaire d'Irlande. Si la plupart des gens qui veulent venir visiter Dublin rêvent d'assister à la Saint-Patrick, Halloween est une fête incontournable à laquelle tout amoureux de l'Irlande devrait assister au moins une fois dans sa vie. Durant tout le mois d'octobre, maisons, vitrines et pubs rivalisent d'imagination pour proposer une ambiance adéquate. En centre-ville, le jour d'Halloween, vous croiserez zombies et sorcières déambulant dans les rues (les Irlandais adorent se déguiser !). Et, si en centre-ville il n'y a pas d'animation particulière, la place de Smithfield, accessible à pied ou en tramway, propose depuis quelques années concerts, parade et animations familiales. Assurez-vous de trouver un pub joliment décoré pour la soirée du 31, et pensez à faire comme tout le monde : déguisez-vous !

o **Novembre – décembre : décorations et festivités de Noël.** En Irlande, on aime les festivités de fin d'année et on le montre ! Dès novembre, les rues sont illuminées et, depuis 2018, Dublin City Council projette au laser des animations lumineuses sur des bâtiments emblématiques de la ville tels que la GPO sur O'Connell Street ou la façade de Trinity College, par exemple. En décembre, la fête bat son plein dans les pubs tous les week-ends (à partir du jeudi). C'est aussi en décembre que vous pourrez écouter, sur les rues commerçantes du centre-ville, les chœurs de Noël, ou *Christmas Carols*, qui se produisent à des fins caritatives.

Incontournables à écouter

Quelques titres au sujet de Dublin, à ajouter à votre playlist pour un séjour dans la capitale :

- Molly Malone / Dirty Old Town / Dublin in the rare old times / Rocky road to Dublin (The Dubliners),
- Dublin / Old Town (Thin Lizzy & Phil Lynott),
- Rap trap (The Boomtown Rats)
- Bad (U2),
- Summer in Dublin (Bagatelle),
- Paint the town green (The Script),
- Eustace Street (Delorentos),
- Dublin city sky / Liberty belle (Fontaines D.C.).

Quelques artistes Dublinois

- The Dubliners
- Thin Lizzy
- U2
- Glen Hansard
- Sinéad O'Connor
- Eleanor McEvoy
- Mary Black
- Boyzone
- Imelda May
- Damien Dempsey
- The Villagers
- Fontaines D.C.

Incontournables à déguster

Plutôt irlandais que dublinois (sauf pour la bière brune qui, elle, est bien dublinoise !), les boissons, plats et snacks ci-dessous n'en sont pas moins des incontournables à goûter une fois sur place.

À manger :

o *Irish breakfast*, parfait pour un lendemain de soirée.
o *Irish stew*, le ragoût irlandais, normalement à la Guinness.
o De l'agneau (*lamb*). Il peut être fort car, en Irlande, les agneaux grandissent à l'état semi-sauvage.
o *Seafood chowder*, sorte de soupe crémeuse et consistante avec fruits de mer et poisson à l'intérieur (non mixés). Chaque établissement à sa recette. A déguster à Howth (port de pêche), à éviter en centre-ville.

Habitudes alimentaires

Les visiteurs sont souvent surpris de voir les Irlandais manger à n'importe quelle heure de la journée, le week-end notamment. Adoptez les coutumes locales, et mangez quand vous voulez !

Les Dublinois vont au restaurant pour des occasions particulières, le reste du temps, entre deux séances shopping, le week-end, c'est dans un pub, un café, un fast-food ou dans la rue (*take away*) que vous les verrez le plus souvent se restaurer.

Les pubs qui servent des plats chauds l'indiquent normalement à l'extérieur. Les portions sont généreuses, on ne prend qu'un plat. Ce sont en général des plats simples, maison. Avec des pommes de terre, quelle que soit leur forme. On mange aussi dans les cafés, mais ceux-ci ferment à 18h. On boit le thé en mangeant (et non après), ne soyez donc pas surpris si votre théière et petit pot de lait arrivent sur la table avant votre commande !

À boire :

- Guinness*, au pub et en pinte.
- Irish coffee*, boisson chaude à base de café, de whiskey et de crème. Se boit plutôt en journée, dans les établissements autorisés à vendre de l'alcool.
- Hot whiskey* (whiskey chaud), grog local que les Irlandais boivent en fin de soirée et davantage l'hiver.
- Baby Guinness* : shot de fin de soirée, à base de Bailey's. Ressemble comme deux gouttes de *stout* à une mini-Guinness, n'en contient pourtant pas.

* L'abus d'alcool est dangereux pour la santé, à consommer avec modération.

Les adresses de l'auteure

Je partage ici seulement quelques adresses parce qu'à Dublin, plus qu'ailleurs encore, les établissements se renouvèlent très vite, le contenu des pintes et des assiettes avec, et la dernière crise engendrée par la pandémie a balayé nombre d'entre eux, certains pourtant installés depuis des décennies. Comme un restaurant faisant le choix d'un menu restreint comme gage de qualité, j'ai fait le choix ici de peu d'adresses : celles dont je suis sure, que je fréquente moi-même régulièrement, certaines que vous ne trouverez dans aucun autre guide, pourtant très centrales, installées de longue date et très appréciées des Dublinois.

- **Pour un Irish breakfast :** Flanagans sur O'Connell Street. Ouvre à 9h. L'intérieur n'a pas changé depuis que je le connais et certainement peu depuis son ouverture en 1980. Spacieux, dans son jus, mais un vrai *full Irish breakfast* dans l'assiette. Actuellement à 12 Euros.
- **Pour un repas chaud et bon marché en journée :** Eason – Muse Café, sur O'Connell Street. Au dernier étage de la grande librairie du centre-ville (type FNAC), la clientèle est essentiellement composée de vieux Dublinois : gage de qualité. Self, formule à 12 Euros pour plat+dessert. Nourriture maison, simple, consistante, typiquement ce que l'on peut trouver dans un foyer irlandais. L'endroit

est calme car confidentiel et surtout, vue imprenable sur O'Connell Street depuis les tables près des fenêtres. Pour une expérience totalement irlandaise, commander un thé (servi avec théière et pot de lait) à boire avec le repas. Fermé le Dimanche.

- **Pour un resto dans un cadre original, en soirée :** The Church,

le restaurant à l'étage du pub, sur Mary Street. Comme son nom l'indique, c'est dans une église que se trouve ce pub-restaurant. Le menu est le même côté pub ou côté restaurant, mais c'est bien à l'étage, dans la galerie supérieure, qu'il se déguste le mieux, dans un décor original et plus confidentiel. Réservation conseillée en fin de semaine pour une table à l'étage. Menu du soir à partir de 16h et jusqu'à 21h30 le week-end. www.thechurch.ie.

- **Pour un vrai fish and chips :** À Howth. Leo Burdock's en face la gare ou Beshoff Bros, plus loin sur les quais. En réalité, tous les fish and chips d'Howth sont bons car frais avec les arrivages du jour. Mais un vrai fish and chips ne se mange pas assis à une table d'un pub ou d'un restaurant. Un vrai fish and chips, c'est gras, ça colle aux doigts autant qu'à l'estomac, ça se déguste avec du vinaigre de malt sur les frites et se prend à emporter (*take away*). À déguster ici ou là sur le front de mer. Une portion peut remplir l'estomac vide d'un adulte et demi.

- **Pour une Guinness, un whiskey ou un Irish coffee plus confidentiels :** The Palace Bar, dans le quartier de Temple Bar. L'une des meilleures sélections de whiskeys du centre-ville et une Guinness qui ne déçoit jamais, ce qui n'est pas toujours le cas des pubs en ville. Au calme jusqu'à une certaine heure bien sûr, mais toujours plus que les adresses festives des alentours. Une très vieille adresse bien connue mais un peu à l'écart du cœur de Temple Bar, et un joli décor d'ancien pub traditionnel.

Infos pratiques

De l'aéroport au centre-ville

Pour quitter l'aéroport et se diriger vers le centre-ville, c'est très simple. Il suffit de sortir du terminal et taxis et bus sont là : on ne peut pas se tromper.

Compter 25 minutes de trajet jusqu'en centre-ville

- En taxi, une 20aine d'Euros en tarif jour. À peine 30 Euros en tarif nuit.
- En bus : AirCoach ou Dublin Express pour les plus fréquents, rapides et confortables. Les billets s'achètent à la sortie du terminal, ou en montant dans le bus. 7-8 Euros l'aller simple (*single ticket* - vs *return ticket* pour un aller-retour).

Se déplacer en centre-ville

Le plus simple pour se déplacer dans le centre-ville de Dublin, aujourd'hui encore, c'est à pied. En effet, le centre-ville est petit et pas des mieux desservi en termes de connexion de bus. La plupart des 20 incontournables de ce guide s'atteignent à pied depuis le centre-ville. Préparez-vous donc à beaucoup marcher !

Le Luas est le tramway dublinois (signifie « vitesse » en gaélique), plutôt onéreux comparé à d'autres villes européennes. Deux lignes, la rouge (Est - Ouest) et la verte (Nord - Sud). Pas vraiment utiles pour les incontournables de ce guide car elles ne relient pas les sites d'intérêt entre eux, mais peuvent vous faciliter l'accès au centre-ville si votre logement se trouve près de l'une d'entre elles. www.luas.ie

Horaires des pubs

Les pubs ouvrent à 10h30 en semaine, 12h30 le dimanche. Leurs portes se ferment à 23h30 en semaine, 00h30 vendredi et samedi, 23h le dimanche. Dernière tournée autorisée 30 minutes après la fermeture des portes. Les *late bars* ou *nightclubs* ferment plus tard.

En semaine, les pubs commencent à se remplir à partir de 18h (lundi et mardi étant plus calmes). À Dublin, cela peut être aussi l'heure à partir de laquelle on n'accepte plus les moins de 16 ans à l'intérieur, à la discrétion de chaque établissement.

Météo

Contrairement à ce que beaucoup pensent, il ne pleut pas tant que ça à Dublin. Le ciel y est souvent bleu, le vent balaie les nuages, apporte des averses, et les fait disparaître aussi vite qu'elles ne sont apparues, faisant du ciel local une fabrique à arcs-en-ciel. Climat océanique et ville côtière, Dublin bénéficie de températures douces l'hiver. L'été, une température de 20 degrés en journée sera habituelle. Le temps est souvent incertain à Dublin : une bonne idée est de consulter le site de Met Eireann, ou de télécharger son application sur smartphone. Prévisions fiables à partir de 24 heures à l'avance, pas avant.

Argent

A Dublin, on paye en Euros (comme dans le reste de la République d'Irlande), le pius souvent en carte désormais, ou en espèces. Les chèques ne sont pas acceptés.

Fuseau horaire

L'Irlande est à l'heure du méridien de Greenwich (GMT), le même que celui de Londres. Toute l'année, il y a donc une heure de moins qu'à Paris ou Bruxelles (GMT+1). On change d'heure les derniers dimanche de mars et d'octobre, comme partout en Europe depuis 1996.

Prises électriques

Les prises irlandaises sont les mêmes qu'au Royaume-Uni et dotées de trois fiches rectangulaires. Même voltage que sur le continent européen, il faut néanmoins un adaptateur pour utiliser tout appareil. Ces adaptateurs se trouvent dans n'importe quel magasin, de la librairie au Spar en passant par le *newsagent* ou le supermarché. Les prises de courant irlandaises sont souvent munies d'un interrupteur de sécurité sur lequel il faut appuyer pour activer les appareils. Particularité irlandaise : la loi interdit les prises à 220V dans les salles de bain. Lisseurs ou rasoirs devront donc s'utiliser dans une autre pièce.

Offices de tourisme

- 14 Upper O'Connell Street Upper
- Barnardo Square, Palace Street
- 25 Suffolk Street

20 INCONTOURNABLES

1. O'Connell Street

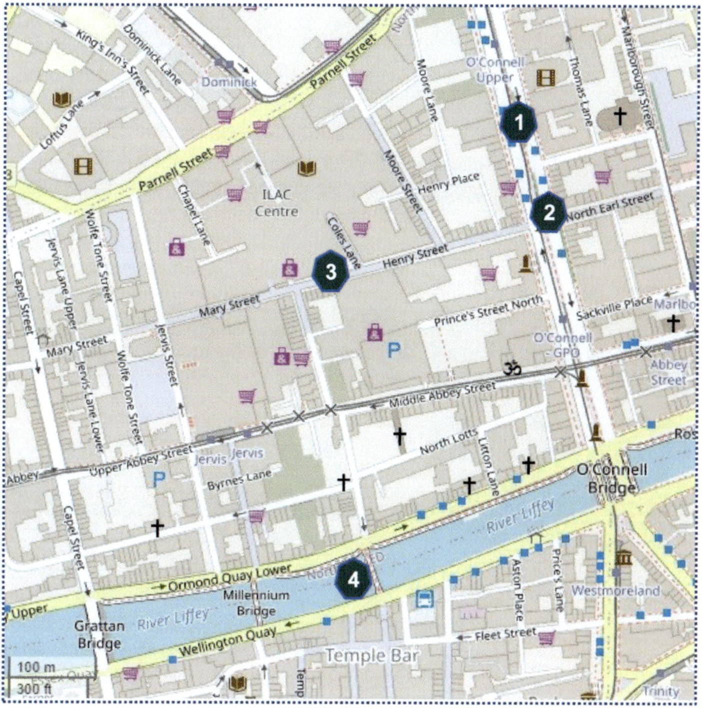

En taxi ou en bus, lorsqu'on arrive de l'aéroport pour visiter la capitale irlandaise, on passe inévitablement par son avenue la plus large : O'Connell Street, nommée après le premier maire catholique de la ville (dont l'imposante statue trône à l'extrémité sud de la rue).

Le Spire

Au centre de cette artère principale, planté depuis 2003 comme une épingle sur une carte : le Spire (se prononce approximativement « spailleur »). Un pic en aluminium de 121 mètres de haut, immanquable. S'il est plutôt photogénique, ne lui cherchez pas de symbolisme quelconque : bien qu'il ait été construit à l'emplacement d'un ancien monument, détruit lors d'un attentat de l'IRA, en 1966, il ne représente rien (même si, localement, on lui donne toutes sortes de surnoms évocateurs). Les touristes et jeunes actifs du monde entier venant s'installer à Dublin lui ont cependant trouvé une utilité : le Spire est en effet un parfait point de rendez-vous pour qui découvre la ville, repérable de loin avec sa tête qui surplombe tous les bâtiments du centre.

Les statues

Sur son large parvis central entièrement dallé, O'Connell Street expose quelques statues, toutes représentant des acteurs liés à l'indépendance irlandaise : Daniel O'Connell bien sûr, mais aussi Jim Larkin (dont une citation est inscrite en Français sur son socle) ou Charles S. Parnell, pour les plus connus.

La GPO (Grande Poste)

S'il est un bâtiment d'importance sur O'Connell Street, c'est la GPO. Près du Spire, avec ses colonnes droites et son fronton type architecture romaine (qui soutient d'ailleurs 3 statues d'inspiration romaine), la General Post Office de Dublin ouvrit ses portes au public en 1839. Elle fut un haut lieu des évènements qui menèrent à la guerre d'indépendance irlandaise au début du 20ème siècle. En effet, le bâtiment néo-classique devint un temps le siège des leaders indépendantistes lors du Soulèvement de Pâques de 1916. Depuis en partie reconstruite, la GPO est aujourd'hui, non seulement le plus grand bureau de poste de la capitale, mais également le siège de An Post, la Poste irlandaise. Pour la fréquenter régulièrement depuis près de deux décennies, elle ne me laisse jamais indifférente. C'est un lieu où j'aime aller dès que j'en ai l'occasion. Toujours cette sensation d'y faire un bond en arrière, une parenthèse presque solennelle dans le tumulte de l'avenue la plus circulante de Dublin.

2. Statue de James Joyce

James Joyce a une place de choix dans le cœur des Dublinois. Ce n'est pas étonnant alors qu'on ait donné une place de choix à sa célèbre statue de bronze, située à l'intersection de North Earl Street et d'O'connell Street, au cœur de la ville. James Joyce, éminent écrivain irlandais du 20ème siècle est connu et reconnu mondialement pour ses œuvres contemporaines évoquant avec réalisme sa ville natale, dont le très célèbre Ulysse ou encore, Dublinois. Aujourd'hui, quand on se promène dans la capitale irlandaise, on peut encore entendre ces accents, ces voix, ces personnages au détour d'une rue, d'un quartier, d'un comptoir. Le 16 juin en particulier, lors de Bloomsday, journée durant laquelle on rend hommage à James Joyce à travers différentes animations et jeux d'acteurs organisés en intérieur ou extérieur. Si l'évènement est célèbre à l'international, le 16 juin reste un jour comme les autres pour une grande majorité des Dublinois. Programme sur www.bloomsdayfestival.ie.

En 2022 à Dublin, on célèbre le centenaire d'Ulysse. L'œuvre a pour la première fois été publiée à Paris, là où l'écrivain a résidé une grande partie de sa vie. Si par la suite Ulysse est devenu un succès planétaire, ce n'est qu'en 1994, 72 ans après sa première parution, que le livre fut publié pour la première fois en Irlande, par une maison d'édition dublinoise.

3. Expérience shopping : Penneys, Dunnes et Carrolls sur Mary et Henry streets

Nul ne peut mettre les pieds à Dublin sans se rendre à Penneys, véritable institution dublinoise de la mode à petits prix. Le premier magasin a ouvert en 1969, à l'emplacement actuel du plus grand Penneys du centre-ville, sur Mary Street, dans le prolongement d'Henry Street, la rue piétonne commerçante de la rive nord de la rivière Liffey. Dans le monde entier, l'enseigne est connue sous le nom de Primark… La faute à un Penneys américain déjà installé en Grande-Bretagne lorsque la firme dublinoise a voulu s'y implanter quelques années après sa création. En dehors de l'Irlande, Penneys fut donc appelée Primark et s'est seulement développée massivement en Europe depuis les années 2010. L'enseigne garde encore aujourd'hui une place à part dans le cœur des Dublinois, jeunes comme moins jeunes. La marque habille toute la famille, des pieds à la tête, pour toutes occasions. On y trouve aussi tout l'univers de la maison.

Non loin de là, dans l'Ilac Centre (centre commercial), Dunnes Stores, prononcé « Done's » localement, autre enseigne irlandaise du même genre, propose une offre un peu plus qualitative, tout en gardant des prix abordables. Tout comme Penneys, Dunnes habille et équipe des générations d'Irlandais depuis plusieurs décennies.

L'autre incontournable côté shopping, c'est Carrolls, l'enseigne locale de souvenirs irlandais. Carrolls est idéale pour faire en une seule fois les achats souvenirs pour toute la famille y compris les nouveau-nés, les copains et même, le chien ! D'ailleurs, c'est aussi chez Carrolls que se rendent les Dublinois lorsqu'ils souhaitent envoyer un colis à leurs proches vivant en Australie, aux Etats-Unis, ou ailleurs sur la planète, pour Noël ou toute autre occasion particulière. Des produits marketing Guinness aux mugs avec moutons en passant par les casquettes

Dublin, il y en a pour tout le monde. Ce n'est certes pas là que vous trouverez le plus beau des pulls d'Aran, mais Carrolls vous fera gagner un temps précieux sur votre séjour en vous proposant, dans un seul et même endroit, des souvenirs irlandais et dublinois pour tous.

Horaires d'ouverture

- En semaine, les magasins ferment à 18h, les centres commerciaux à 19 ou 20h. Le jeudi, *c'est shopping day*, les boutiques sont ouvertes plus tard.
- Les magasins ouvrent le dimanche, à partir de 10h.

Puisque vous êtes dans les environs, profitez-en pour aller prendre un verre, un café ou un encas au Church, à l'intersection de Mary Street et Jervis Street. Ancienne église réaménagée en pub dans les années 2000, une adresse du centre-ville désormais incontournable. Fait rare dans l'hypercentre : danse traditionnelle dès 19h certains soirs de la semaine.

4. Ha'Penny Bridge

Voici la star des ponts dublinois, toutes catégories confondues. Lieu emblématique de la capitale, ce pont piétonnier en fer forgé blanc doit son nom, le Ha'Penny Bridge, à ce que cela coûtait de le traverser à l'époque de sa construction, en 1816 : « half a Penny », un demi Penny. Traversée qui fut payante jusqu'en 1919. C'est le plus ancien des ponts piétonniers de la ville, il se trouve dans l'hypercentre et relie le cœur de Temple Bar, rive Sud de la rivière Liffey, à la rue piétonne et commerçante d'Henry Street un peu plus loin au Nord. On estime à 30 000 le nombre de personnes qui l'empruntent chaque jour !

5. Temple Bar

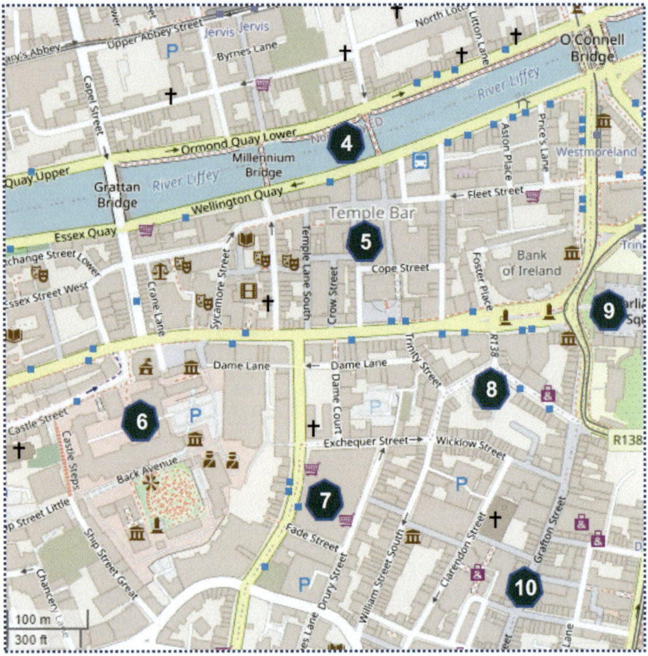

Temple Bar est à Dublin ce que le nez est au milieu de la figure : incontournable, voire même, diront certains, indispensable. Temple Bar est le nom d'un quartier du centre-ville mis en avant depuis le début des années 90 comme « le quartier culturel » de la capitale irlandaise. S'il est petit par sa superficie (800 mètres de long sur 200 de large), Temple Bar offre un condensé de pubs, cafés et restaurants idéalement situés pour sortir, écouter de la musique live, et faire la fête en centre-ville. En journée, ses rues pavées, boutiques bohèmes, tatoueurs et façades colorées recouvertes de street-art en font un quartier vivant où il fait bon déambuler.

Délimité au Nord par la rivière Liffey, au Sud par Dame Street, le quartier de Temple Bar et ses ruelles piétonnières recèlent de quelques trésors à faire figurer absolument sur votre album souvenir.

The Temple Bar Pub

Certainement le pub le plus photographié de l'île (rien que ça !), ce pub rouge situé à l'intersection de Temple Bar Street et Temple Lane South est un lieu emblématique de la capitale irlandaise. Apprécié autant des touristes que des Dublinois eux-mêmes (si ce n'est pour le coût de la pinte), décors photogéniques extérieurs comme intérieurs, musique live, bar à whiskey, tout est réuni ici pour s'assurer de vous faire vivre l'expérience du pub dans une ambiance festive comme Dublin sait en offrir.

Dublin's Wall of Fame

Situé sur Temple Lane South, c'est depuis Cecilia Street qu'on admire le mieux ce grand mur des célébrités de la musique irlandaise. En photo sur la façade rouge du bâtiment à étages, les 4 Irlandais les plus connus au monde : U2, bien évidemment. Ils accompagnent les portraits de Sinéad O'Connor, Van Morrison, Rory Gallagher et des Dubliners. Et de d'autres, peut-être moins connus des francophones, mais qui sont des légendes irlandaises telles que Christie Moore ou Phil Lynnott. Amusez-vous à en reconnaître le plus grand nombre, et si vous êtes curieux, cela pourrait vous aider, peut-être, à élargir vos connaissances musicales irlandaises.

Merchant's Arch

Dans la continuité du Ha'Penny Bridge, et depuis le début du 19ème siècle, elle vous accueille dans l'antre de Temple Bar lorsque vous traversez la rivière Liffey du nord vers le sud. On inclut sous le nom de Merchant's Arch, non seulement l'arche physique sur Wellington Quay, mais également l'étroite allée piétonne qui la prolonge et mène sur Essex Street. Dans son célèbre ouvrage Dublinois, James Joyce la décrit comme « la ruelle étroite de Temple Bar ».

Fin 2021, 20 000 personnes, dont des personnalités publiques, ont signé une pétition pour s'opposer à la construction d'un complexe hôtelier sur Merchant's Arch. Au moment de la rédaction de ce guide, le projet hôtelier, qui préserverait l'arche, mais verrait les boutiques disparaître au profit d'un bâtiment moderne, est toujours d'actualité.

The Love lane

Bien que relativement récente, la Love lane, de son nom de baptême, est vite devenue emblématique dans le quartier de Temple Bar. Il est pourtant facile de passer devant sans s'en apercevoir. En effet, comme son nom le laisse deviner, il s'agit d'un passage étroit entre des façades, un raccourci secret pour piétons qui relie Dame street et Essex street, via l'arrière-cour de l'Olympia Theatre. Si le passage physique, officiellement nommé Crampton Court, existe depuis de nombreuses années, ce n'est qu'à la fin des années 2010 qu'il a été réhabilité en galerie à ciel ouvert par des artistes locaux, une initiative de Dublin City Council. Refait à l'été 2022, on peut désormais observer sur ce « passage de l'amour » une mosaïque de carrés de faïence aux teintes roses, blanches et rouges, sur lesquels sont inscrites des citations d'amour tirées d'œuvres littéraires ou de chansons internationales, mais aussi des messages et anecdotes amoureuses d'anonymes. Dans le prolongement de cette ôde à l'amour, du street-art habille également certains pans de murs, l'une des créations lisant sur l'extrémité nord de l'allée « Je ferais plutôt confiance à un dealer dans une allée mal éclairée qu'à un criminel en costume trois pièces ».

Le marché de Temple Bar

Tous les samedis sur Meeting House Square et à partir de 10h30, Temple Bar Food Market est un petit marché alimentaire de l'hyper-centre où se réunit une poignée de producteurs locaux et indépendants (une dizaine à ce jour). Ce marché existe depuis la fin des années 90 et avait initialement été créé par des fermiers et producteurs des alentours pour amener un peu de produits du terroir au cœur de la capitale.

6. Dublin Castle

L'un des plus vieux édifices de Dublin, les fondations de Dublin Castle datent du tout début du 13ème siècle. Le château avait été initialement construit pour accueillir le roi d'Angleterre et nouvellement seigneur d'Irlande, Jean sans Terre. Pendant 700 ans, Dublin Castle fut le siège du pouvoir anglais et britannique à Dublin et, plus largement, en Irlande. Nombreux sont les Irlandais qui ont séjourné dans sa prison, dont Grace O'Malley, célèbre femme pirate de l'Ouest irlandais du 16ème siècle.

En 1684, un incendie ravagea la plupart des bâtiments. Certains éléments furent épargnés, comme la distinctive tour ronde médiévale, toujours debout. Le reste du château que l'on peut voir aujourd'hui fut reconstruit dans un style géorgien.

C'est seulement lors de l'indépendance de l'Irlande, en 1922, que Dublin Castle a été remis aux mains des Irlandais. Depuis, c'est ici que sont officiellement investis tous les présidents de la République d'Irlande, et les bâtiments accueillent désormais certains services publics, dont le service des impôts.

La cour pavée aux allures militaires est libre d'accès durant les horaires d'ouverture du château (9h45-17h45). On peut y entrer soit par l'arche côté est, soit par la passerelle piétonnière depuis Castle Street. Ces deux accès sont pareillement photogéniques

Un charmant jardin se situe au calme et à l'abri de toute circulation, derrière le château, côté sud.

L'intérieur du château se visite en partie (son aile sud), la tour médiévale étant condamnée pour restauration depuis plusieurs années. Beaucoup de meubles, tableaux et décorations intérieures ont été détruits, brûlés, ou emportés par l'occupant, rendant certaines pièces assez dénudées d'artifices. Si Dublin Castle est effectivement un incontournable à ajouter à vos souvenirs dublinois, la visite de l'intérieur est, quant à elle, moins évidente, à moins de la faire en visite guidée, seul moyen d'accéder à la Chapelle Royale autrement inaccessible (la tour médiévale est quant à elle en restauration depuis des années).

Tarif : 8 Euros, gratuit pour les moins de 12 ans. Détails sur www.dublincastle.ie.

7. Marché couvert de George's Street Arcade et quartier victorien

George's Street Arcade est un marché couvert idéalement situé pour les promeneurs, entre le quartier de Temple Bar et Grafton Street. Il a été construit sous le règne de la reine Victoria, à la fin du 19ème siècle. L'architecture victorienne se distingue de l'époque géorgienne, plus austère, par ses éléments décoratifs et une plus grande diversité et richesse dans les matériaux utilisés (ceci grâce à l'industrialisation grandissante du moment).

Avec sa belle hauteur sous plafond et ses structures métalliques finement ornées qui s'allient merveilleusement avec les murs en briques, cette galerie ouverte dispose de deux accès : depuis la très circulante (mais victoriennement belle) George's Street, ou par une rue parallèle beaucoup plus calme côté est, Dury Street.

Si George's Street Arcade se targue d'être le plus vieux centre commercial de Dublin, aujourd'hui, on y trouve quelques cafés et étals alimentaires ainsi que des boutiques parfois aussi biscornues qu'originales : mode bohème, livres d'occasion, drapeaux de Bob Marley, artisanat et souvenirs irlandais atypiques, gadgets mangas, encens et autres bonzes. Il y a même une diseuse de bonne-aventure (« *good fortune teller* ») cachée derrière ses rideaux opaques !

George's Street Arcade est au cœur du quartier victorien de la capitale, un favori des Dublinois pour sortir prendre un verre après le travail ou le week-end. Le quartier abrite d'ailleurs certaines institutions pubesques et baresques de la capitale que je vous invite à découvrir, comme le Grogan's, le Long Hall ou, dans un tout autre style, le Pygmalion par exemple.

8. La statue de Molly Malone

"*In Dublin's Fair City*
Where the girls are so pretty
I first set my eyes on sweet Molly Malone"

La chanson, popularisée à l'international par Les Dubliners dans les années 60, continue en décrivant cette marchande ambulante, pleine de gouaille, qui vendait poissons et coques à travers les rues de Dublin. On ne sait pas si cette femme du 17ème siècle, célèbre, dit-on, pour les décolletés qu'elle portait à longueur d'année, a réellement existé. Par contre, ce qui est certain, c'est que ses descendantes, les marchandes ambulantes, pleines de gouaille elles aussi, existent encore à Dublin, même si en voie d'extinction. C'est sur Moore Street, perpendiculaire à la rue piétonne d'Henry Street, et Meath Street (quartier des Liberties) que vous en trouverez encore quelques-unes. Il en reste aussi deux sur Grafton Street, qui vendent bouquets et fleurs coupées sur leurs étalages de fortune beige.

La statue en bronze quant à elle, initialement postée en haut de Grafton Street et dos à Trinity College, se trouve désormais sur Suffolk Street, à l'extérieur de St Andrew's Church et face à un pub de renom, le O'Neill's (très bien aussi pour se restaurer).

9. Trinity College et la Old Library (avec Book of Kells)

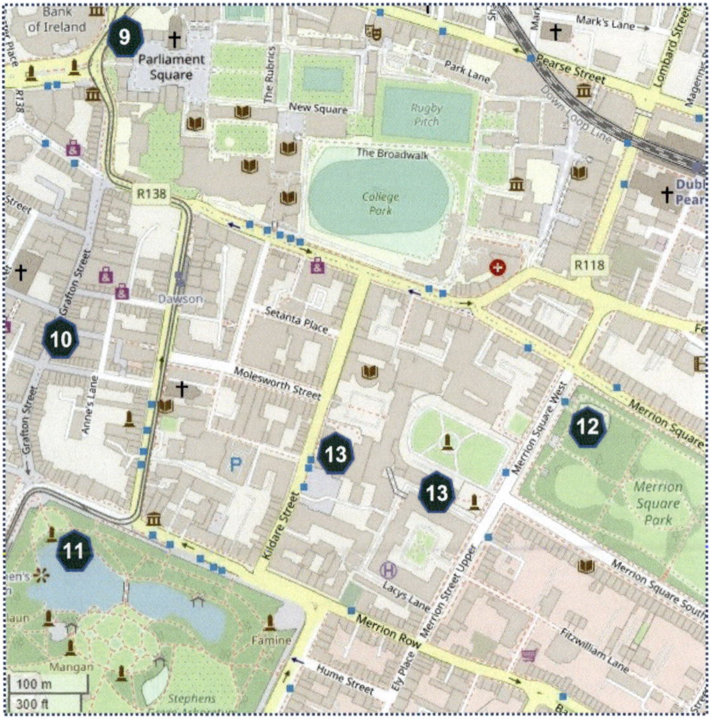

L'université de Trinity College a été fondée en 1592, ce qui en fait la plus vieille université d'Irlande et parmi les plus anciennes d'Europe. Créée sous le contrôle de l'Angleterre dans le but d'asseoir son pouvoir sur l'Irlande et à une époque où Dublin s'installait petit à petit comme capitale de l'île, l'université fut longtemps destinée aux étudiants protestants, descendants de riches familles anglo-irlandaises établies dans la ville et ses alentours. Parmi eux, certains devenus célèbres comme Jonathan Swift, l'auteur des Voyages de Gulliver ou Samuel Beckett, prix Nobel de littérature.

Aujourd'hui, Trinity College est ouverte à tous, y compris aux visiteurs et aux Dublinois, libres d'entrer et de profiter des bâtiments néoclassiques et du magnifique cadre au sein du campus de 19 hectares. Une fois dans l'enceinte de Trinity College, dans sa cour principale, le calme des lieux offre un contraste saisissant avec le tumulte de College Green qui bouillonne à l'extérieur du porche d'entrée. Lors des beaux jours, outre les élèves de l'université qui se déplacent sac sur le dos et livres sous le coude, il n'est pas rare de voir des Dublinois de tous âges venir profiter des pelouses ensoleillées, d'autres lire sur les bancs, à l'ombre des érables, chênes, merisiers et autres espèces de feuillus qui bordent les terrains de sport. D'ailleurs, Trinity College abrite plus de 450 arbres, certains exotiques et presque bicentenaires. Un nombre qui ne cesse de croître avec la volonté de l'université ces dernières années de favoriser la biodiversité florale au sein du campus.

La Old Library (avec Book of Kells)

La Old Library, ou « Vieille Bibliothèque », se situe dans l'enceinte de l'université et est souvent considérée comme l'une des plus belles bibliothèques du monde. La partie ouverte au public s'appelle la Long Room et est une galerie longue de 65 mètres, sur deux niveaux, voûtée et en bois massif. Elle date du début du 18ème siècle mais sa collection de livres date de la création de l'université. Une collection de près de 200 000 ouvrages que le visiteur peut admirer... Mais pas toucher. En effet, quelques-uns de ces livres sont parmi les plus anciens d'Europe, dont plus de 200 manuscrits médiévaux écrits en gaélique.

Cependant, si cette bibliothèque se visite comme un musée pour le touriste lambda, elle reste néanmoins utilisée pour sa fonction première et les ouvrages peuvent être consultés pour des recherches spécifiques par certains élèves et professeurs de Trinity College.

La galerie de la Vieille Bibliothèque abrite aussi quelques autres précieux trésors : des bustes en marbre d'hommes plus ou moins connus mais ayant tous un rapport avec Trinity College, que ce soit ses architectes ou des écrivains précédemment étudiants à Trinity College. Dans cette magnifique galerie se trouvent également un rare et précieux exemplaire du texte de la proclamation de la République d'Irlande (1916), ainsi que la plus ancienne harpe d'Irlande, en bois, gravée, et datant du 15ème siècle.

Enfin, pour le visiteur, l'accès à la galerie du premier étage se fait d'abord par une exposition permanente du rez-de-chaussée qui abrite un autre trésor irlandais : le Book of Kells, chef d'œuvre de manuscrit médiéval illustré du 9ème siècle retraçant les 4 évangiles. Il est malheureusement, mais logiquement, présenté sous verre, et l'on peut donc seulement en admirer une double page.

Tarif et infos : 18,50 Euros, incluant systématiquement Book of Kells, Old Library et audio guide via application à télécharger. Français disponible. Gratuit pour les moins de 12 ans. Détails sur www.tcd.ie/visitors.

La visite de l'ensemble est rapide (45 minutes tout au plus) et l'addition à l'entrée peut rebuter. Le prix à payer, sans doute, pour un lieu exceptionnel, magique, envoûtant.

10. Grafton Street et Stephen's Green Shopping Centre

Grafton Street existe sur la carte de la ville depuis le 18ème siècle, même si elle a connu de multiples visages durant ses plus de 300 ans d'existence. Aujourd'hui, c'est l'une des deux rues piétonnes commerçantes de la capitale irlandaise. Alternant entre architectures géorgienne et victorienne, tantôt teintes brique, tantôt pastel, Grafton Street est sans conteste la rue la plus prestigieuse de Dublin. En 2019, l'étude Main Streets Across the World de l'agence Cushman & Wakefield la listait comme la 13ème rue la plus chère du monde en termes de loyers commerciaux, devant de célèbres rues de Barcelone, Singapour ou Moscou par exemple. Si aujourd'hui, il fait bon y flâner à pied pour faire son shopping, cela n'a pas toujours été le cas. En effet, c'est au début des années 80 que Grafton Street est devenue piétonne de façon permanente, éradiquant ainsi la congestion de trafic sur cet axe sud du centre-ville de la capitale.

> Dans quel sens monte-t-on ou descend-on Grafton Street ? Je vous laisse tenter de répondre à cette question qui fait encore débat dans la capitale !

Depuis, Grafton Street est l'un des lieux de prédilection pour les *buskers*, ces musiciens de rue que l'on croise encore quotidiennement dans le centre-ville. Ils ne sont pas là pour quémander mais bien pour divertir et la bonne pratique veut que le badaud qui s'arrête les écouter, les filmer, les prendre en photo, leur donne une pièce en remerciement du bon moment offert.

Le Bewley's Café sur Grafton Street est une institution familière des Dublinois et ce, depuis son ouverture en 1927. S'il a changé de propriétaires à maintes reprises ces dernières décennies, qu'il a parfois fermé ses portes de manière « définitive », la dernière fois en mai 2020 (réouvert depuis), le Bewley's Café semble être comme le phœnix qui renaît de ses cendres, et à ce jour, on peut toujours y admirer son somptueux intérieur autour d'*une cup of tea.*

Statue de Phil Lynnott sur Harry Street, perpendiculaire à Grafton Street.

Stephen's Green Shopping Centre

À l'extrémité sud de Grafton Street se trouve un très joli centre commercial qui mérite amplement la visite : Stephen's Green Shopping Centre. Il tire son nom du parc urbain dont l'entrée principale se situe juste en face, de l'autre côté de la ligne de tram.

Dôme et toit en verrière, avec les deux niveaux supérieurs en galerie circulaire, kioskes au rez-de-chaussée, et la plus grande pendule d'Irlande, il est sans nul doute le plus charmant des *shopping centres* de la capitale. Avec sa structure en fer forgé blanc, on pourrait le croire tout droit sorti du début du 20ème siècle. Il date en réalité de la toute fin des années 80 et a remplacé, à l'ère des balbutiements du Tigre Celtique, un ancien centre commercial.

À l'intérieur, n'hésitez pas à prendre de la hauteur en utilisant les escalators des extrémités ou escaliers intermédiaires sur la longueur pour l'admirer sous différents angles. Une galerie d'art se trouve au tout dernier étage, exposant toujours de beaux portraits de U2, Sinéad O'Connor, ou d'une autre célébrité dublinoise : le Ha'Penny Bridge.

Entre début novembre et fin décembre, Stephen's Green Shopping Centre se pare de sa tenue de Noël : d'immenses boules de Noël suspendues symétriquement tombent depuis la verrière. Émerveillement garanti !

11. Le parc de St Stephen's Green

Situé lui aussi à l'extrémité sud de Grafton Street, le parc de Saint Stephen's Green est le poumon vert nécessaire au centre-ville de Dublin, le parc où il fait bon déambuler. Un favori des Dublinois qui travaillent ou de passage en centre-ville et qui viennent s'y poser, sur un banc, près d'un bassin, pour prendre leur lunch ou une glace, en regardant pigeons, goëlands et cygnes se pavaner.

C'est Arthur Edward Guinness, dit Lord Ardilaun et descendant direct d'Arthur Guinness, qui a fait de Stephen's Green un parc paysagé pour ensuite en faire don aux Dublinois, en 1880.

Si le centre de Saint Stephen's Green est composé de parterres floraux symétriques, le reste du parc offre plus de 700 arbres (certains majestueux !) qui allègent l'air ambiant de sa pollution sonore et olfactive (l'air est cependant toujours respirable à Dublin, du fait de la position côtière de la ville).

Au printemps, une abondance de couleurs venues des arbres, des haies et des parterres invite les promeneurs à prendre le temps de les admirer en se posant sur les nombreuses pelouses qu'offre le parc, ou bien dans des recoins plus confidentiels. À l'automne, ce parc victorien est une splendeur citadine où le doré des feuillages n'a d'égal que la rousseur du sol où se termine le cycle de vie de ces mêmes feuillages.

La maison du gardien, en brique victorienne, se situe à l'entrée sud-ouest du parc. Stephen's Green abrite également de nombreuses statues (dont une récente de James Joyce sur sa limite sud) ainsi qu'un joli parc de jeux bien caché dans la verdure, que vous trouverez facilement en suivant les rires et cris des enfants.

Horaires : les grilles ouvrent à 7h30 en semaine, 9h30 dimanche et jours fériés et se ferment avant l'obscurité.

12. Merrion Square et portes dublinoises

Merrion Square est le nom d'un jardin géorgien situé rive sud de la rivière Liffey et l'adresse de toutes les rues qui l'encadrent, faces nord, sud, est et ouest.

On appelle « géorgienne » l'architecture dublinoise des 18 et 19ème siècles, car construite sous les règnes successifs des quatre George, rois de Grande Bretagne et d'Irlande. Au 18ème siècle, le Duc de Leinster fait bâtir, au sud de la Liffey, une grande demeure aristocratique, la plus grande d'Irlande à cette époque. Très vite, l'aristocratie et les riches familles dublinoises viennent s'installer autour de cette prestigieuse résidence, un palais qui abrite désormais le parlement irlandais (côté ouest).

Aujourd'hui, le square propose aux promeneurs de jolies allées arborées et pelouses fleuries, ainsi qu'une statue d'Oscar Wilde, poète et dramaturge ayant vécu dans la maison familiale, au n°1 de Merrion Square. W.B Yeats, autre poète irlandais, a quant à lui vécu au 82 Merrion Square (côté Sud), à quelques portes de l'actuelle ambassade de France.

Depuis leur construction au 18ème siècle, les belles façades géorgiennes de Merrion Square sont restées homogènes : alignées, de briques, trois étages, grandes fenêtres à carreaux et, surtout, somptueuses portes colorées au centre d'une entrée individuelle ou double. Elles sont toutes surélevées de quelques marches, munies de heurtoirs, encadrées de colonnes et jonchées de jolies impostes raffinées. Bien sûr, on peut observer de belles portes géorgiennes ailleurs en centre-ville, mais celles de Merrion Square ont l'avantage d'être regroupées dans un mouchoir de poche. Et puis, Merrion Square étant renommé, vous pouvez être certain qu'elles sont toujours parfaitement entretenues, prêtes à être photographiées.

13. Les musées nationaux d'archéologie et d'histoire naturelle

Aussi bien pour les bâtiments qui les abritent que pour leurs collections, le Musée National d'Archéologie et le Musée National d'Histoire Naturelle sont de vrais joyaux, pour les yeux comme pour les connaissances qu'ils apportent aux visiteurs. Les entrées de chacun de ces musées se trouvent près du Parlement irlandais mais sur deux rues différentes : le Musée National d'Archéologie se situe sur Kildare Street alors que l'entrée du Musée National d'Histoire Naturelle se trouve sur Merrion Street.

Le Musée National d'Archéologie vous surprendra sans doute par l'étendue et l'état de conservation des objets et reliques qu'il propose, depuis la préhistoire jusqu'à l'époque médiévale, en passant par l'époque Viking évidemment.

Après quelques années de restauration et à être privé de visiteurs, le Musée National d'Histoire Naturelle a réouvert ses portes en août 2022. Ils sont rares les musées accessibles au jeune public non anglophone à Dublin, mais celui-ci ravira les yeux des petits comme des grands, grâce notamment à sa très belle collection d'animaux d'Irlande et d'autres continents, pour certains disparus. Une collection de 2 millions de pièces, débutées à la fin du 18eme siècle par un scientifique allemand à qui la Dublin Royal Society l'avait achetée dans le but de constituer son propre musée d'histoire naturelle. A l'époque, elle était considérée comme l'une des plus grandes collections du genre en Europe.

Tarif et infos : Gratuits. Horaires et informations sur https://www.museum.ie/en-ie/home. Possibilité de télécharger le livret en français pour la visite du Musée National d'archéologie.

14. La cathédrale de Christ Church

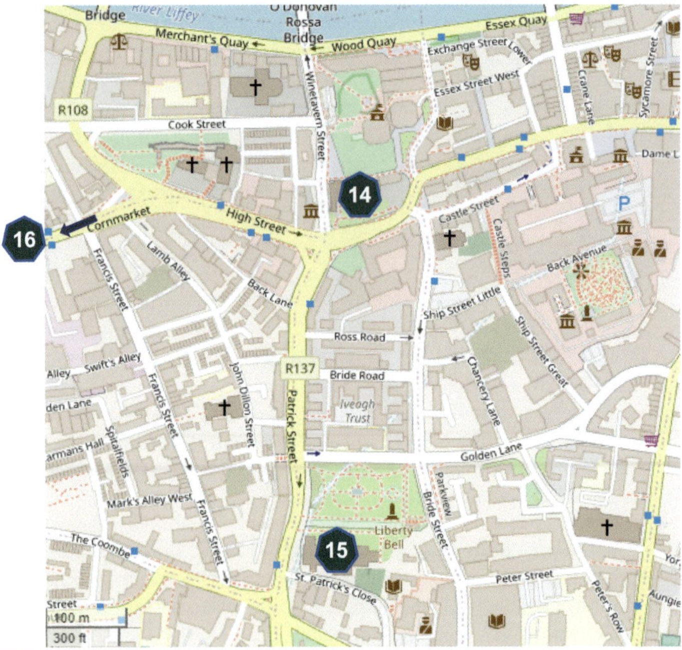

Avant d'être le solide monument qu'elle est aujourd'hui, la cathédrale anglicane de Christ Church était entièrement faite de bois et avait été construite par les Vikings, au 11ème siècle. Véritable porte d'entrée historique du quartier des Liberties (au Moyen-Âge, ce quartier « des libertés » était un haut lieu de la vie marchande dublinoise), elle fut reconstruite d'abord par les Normands, puis restaurée plus tard au 19ème siècle.

L'intérieur est un bel exemple d'église anglicane, voutes, colonnes et dalles datant de l'époque médiévale. Christ Church abrite aussi une très belle crypte souterraine accessible avec la visite. Pour l'anecdote, au Moyen-Âge, cette crypte servait également de taverne !

Depuis 2015, une statue de bronze nommée *Homeless Jesus* (« Jésus Sans-abri ») représentant le Christ allongé sur un banc a pris place dans le parc qui entoure la cathédrale, côté sud. Il s'agit de l'œuvre d'un sculpteur canadien, et si les Dublinois avaient voté pour la voir près de Leinster House, là où un sans-abri était décédé quelques temps auparavant, l'artiste a préféré la voir là où se trouve « le cœur spirituel de Dublin ».

Tarif et infos : 10,00 Euros, 3,50 pour les moins de 12 ans. Différentes options de visites. Détails sur www.christchurchcathedral.ie.

Possibilité d'entrée jointe avec Dublinia, le musée Viking adjacent mais ce billet s'achète seulement au comptoir du musée.

15. La cathédrale St Patrick

Bâtie après Christ Church, au début du 13ème siècle (puis en partie reconstruite plusieurs fois jusqu'au 19ème siècle), la cathédrale Saint Patrick est la plus grande église d'Irlande et la deuxième cathédrale anglicane de la capitale. Elle se trouve à environ 800 mètres de la précédente, dans le quartier des Liberties. Elle a été construite sur le site d'un puits que Saint Patrick aurait utilisé pour convertir les Irlandais, alors païens, au catholicisme. Cela peut donc surprendre qu'elle soit désormais anglicane. Tout comme Christ Church, elle était initialement vouée au culte catholique. C'est au 16ème siècle, sous la Réformation et le règne de Henri VIII (1er roi anglais d'Irlande), qu'elle est devenue anglicane. D'ailleurs, confession de dublinoise d'adoption, si les cathédrales de Christ Church et de Saint Patrick sont effectivement incontournables pour les visiteurs, les Dublinois, majoritairement catholiques, ne leur portent pas particulièrement d'importance.

Jonathan Swift, l'auteur des Voyages de Gulliver, fut doyen de la cathédrale. Sa tombe, pour laquelle il avait écrit sa propre épitaphe, se trouve à l'intérieur de la cathédrale, près de l'entrée.

Tarif : 8 Euros, gratuit pour les moins de 12 ans. Les jolis jardins sont accessibles librement. Détails sur www.stpatrickscathedral.ie/fr/visite/

16.Guinness Storehouse

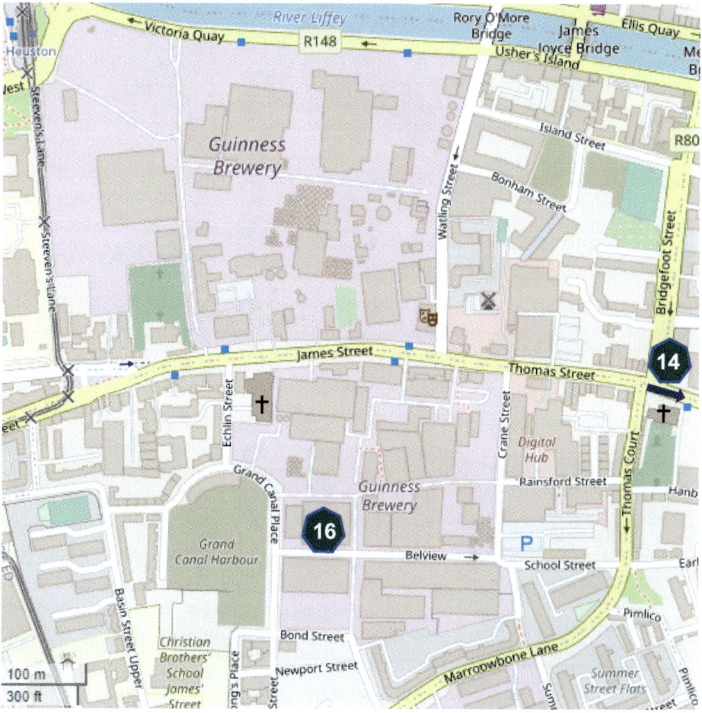

Si vous demandez à n'importe qui sur la planète de vous citer spontanément trois mots associés à l'Irlande, il y a de fortes chances pour que Guinness en fasse partie.

La Guinness Storehouse propose la visite non guidée, sur le site de production historique (Saint James Gate) de la célèbre bière brune irlandaise, de ce qu'on pourrait considérer être un musée édifié par la firme, une vitrine à l'effigie de ce qui est l'un des symboles de l'Irlande.

Si cela peut déranger certains de faire une visite autour d'une boisson alcoolisée, et je le conçois, cela reste selon moi l'un des « musées » les mieux réalisés d'Irlande, très interactif, où tous les sens sont sollicités, où le génie marketing de la marque prend effet dès les premières minutes. Sur 6 étages, la visite captive tout type de public, y compris les non consommateurs de bière, et se termine par une pinte offerte dans le bar panoramique qui est tout simplement la plus belle vue que vous pourrez expérimenter depuis le centre-ville, sur Dublin, sa baie, ses montagnes.

Attention ! cependant, il ne s'agit pas là de la découverte de la brasserie, de la production de l'Or Noir irlandais qui, si elle se fait sur place, est gardée bien secrète à l'abri des regards curieux. La visite inclut cependant, et en détails, tout le procédé de fabrication de la Guinness, mais aussi l'histoire de la famille, l'impact conséquent de l'activité sur la ville autrefois (avec films d'archives), jusqu'aux différentes campagnes publicitaires de la marque.

Tarif et infos : Différentes formules à partir de 26 Euros pour un adulte, 10 euros pour les moins de 18 ans, gratuit pour les moins de 4 ans. Détails sur www.guinness-storehouse.com.
Audioguide en français, sinon informations en anglais uniquement, mais la visite reste chouette, même sans le maîtriser. Prévoir au moins 2h30.
Pour s'y rendre, St James est l'arrêt de Luas le plus proche, à 10 minutes de l'entrée. Sinon, 25 minutes à pied depuis Temple Bar en centre-ville.

17. Phoenix Park

Accès : En Luas, ligne rouge depuis le centre-ville et descendre à Heuston Station. L'entrée la plus proche est à 500 mètres de là, vers la gauche, rive nord de la Liffey

Phoenix Park offre un luxe sans prix aux Dublinois, celui de proposer un immense terrain où s'oxygéner, faire du sport en plein air, prendre de la hauteur pour observer les Dublin Mountains, le tout en logeant le président irlandais, l'ambassadeur des Etats-Unis ainsi qu'éléphants et lions du Dublin Zoo. Il est aussi possible d'approcher les très populaires hordes de daims, introduits à l'origine lorsque le parc était un domaine royal réservé à la chasse. Selon les saisons et les heures de la journée, on peut les trouver le plus souvent vers la croix papale, érigée pour la visite du pape Jean-Paul II (plan du parc sur panneau, à l'entrée).

Phoenix Park est si vaste qu'il est traversé non seulement par des renards, mais aussi par des routes qui le relient aux quais nord de la rivière Liffey qui traverse le centre-ville de la capitale irlandaise.

Pour les amoureux des zoos, celui de Phoenix Park n'est peut-être pas des plus attractifs, mais c'est le seul de la capitale.

18. Distillerie Jameson

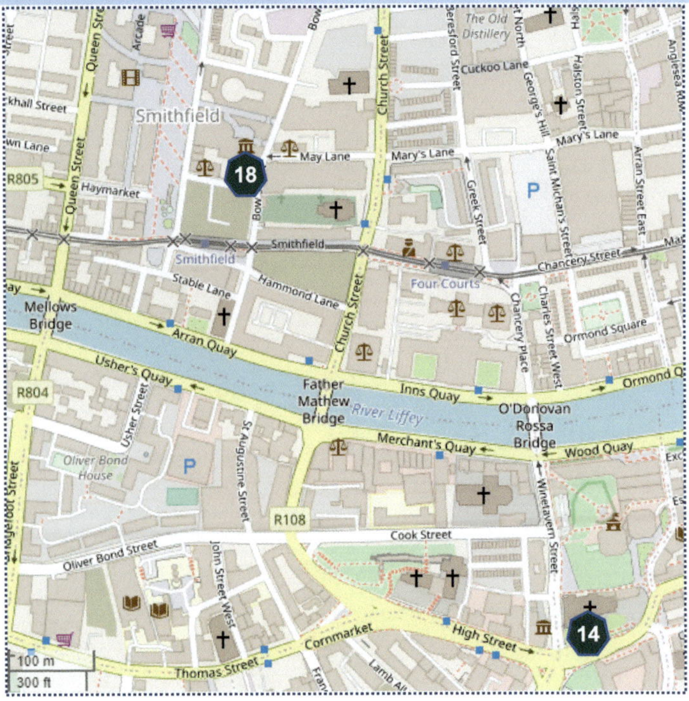

Depuis quelques années, Dublin est le reflet du renouveau des distilleries irlandaises. Celle de Jameson est historique, et le renom de la marque à l'international en fait un incontournable, pour peu que vous aimiez ce spiritueux emblématique.

Implantée sur Bow Street dans le quartier de Smithfield depuis sa création à la fin du 18ème siècle, la célèbre distillerie de whiskey irlandais est l'une des rares du pays qui a perduré jusqu'à aujourd'hui. Anecdote : John Jameson, le fondateur était... Un Ecossais venu s'installer à Dublin dans le but d'y investir dans le whiskey ! Au début des années 1800, il racheta une distillerie de Bow Street déjà existante pour fonder ce qui deviendra la marque la plus célèbre de whiskey irlandais. Un comble pour un Ecossais !

Tarif et infos : 25 Euros. Visite guidée de 40 minutes incluant dégustation.

Même si l'entrée aux mineurs est autorisée (18 Euros), la visite guidée, uniquement en Anglais, est peu intéressante pour les enfants.

La distillerie de Bow Street a fermé ses portes en 1971 et le whiskey Jameson est désormais produit à Midleton, dans le comté de Cork. Le bâtiment a été joliment aménagé pour garder l'esprit de la distillerie d'autrefois. La visite, guidée, vous explique toutes les étapes de fabrication bien sûr, et se termine par une dégustation rondement menée, où l'on vous demandera votre préféré entre bourbon, scotch, et Jameson que vous aurez dégustés.

Info shopping

Parce que les taxes irlandaises sur l'alcool sont parmi les plus élevées d'Europe, le whiskey Jameson est souvent bien moins cher à l'étranger qu'à domicile. Certains produits ne se trouvent cependant qu'en Irlande.

19. EPIC, musée sur l'émigration irlandaise

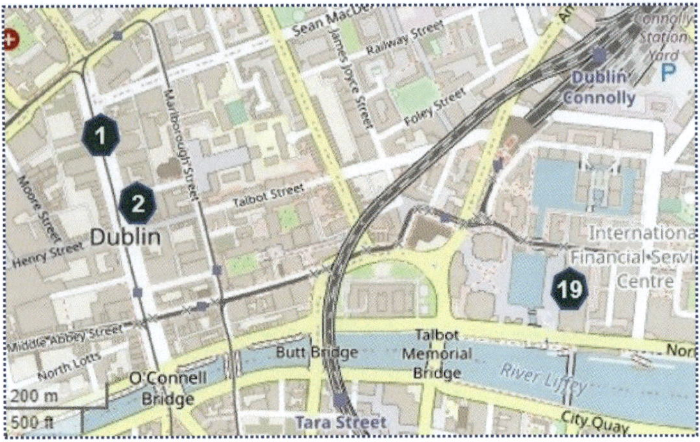

Officiellement inauguré au printemps 2016 par l'ancienne (et adorée) présidente d'Irlande Mary Robinson, EPIC, le musée sur l'émigration irlandaise, s'est vite imposé comme un incontournable des visites de la capitale irlandaise.

Tarif et infos : 17,50 Euros pour les adultes, 11,50 Euros pour les moins de 18 ans, 8,50 Euros pour les moins de 12 ans, gratuit pour les moins de 6 ans. Audioguide en français disponible. Détails sur www.epic-chq.com.

Important pour comprendre la culture irlandaise, ce musée répondra à toutes vos questions. Les thèmes non exhaustifs du départ, de l'exploration, des conflits, de la Grande Famine, des inventions, du sport, de la gastronomie, de la musique et du spectacle, des crises économiques, de l'éducation ou encore de la Saint Patrick y sont abordés en traversant les siècles (et le monde) depuis Cromwell jusqu'à nos jours.

Très interactif, moderne, bien conçu, son seul bémol est peut-être d'être intégralement en sous-sol. Claustrophobes, passez votre chemin. Pour les autres, prévoir 2 heures si vous êtes de ceux qui prennent leur temps dans un musée.

20.La péninsule de Howth

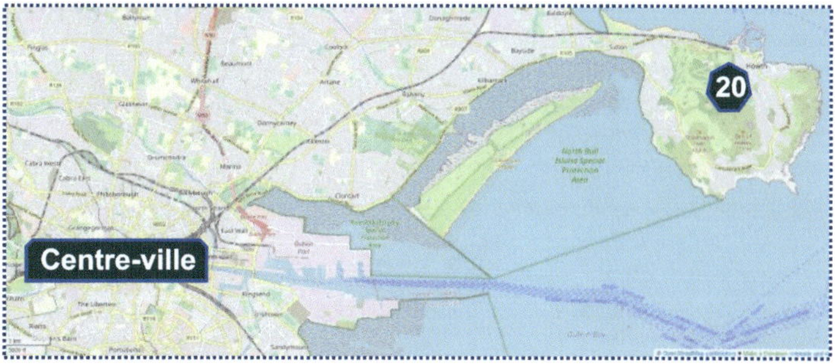

Accès : En Dart, le train côtier au départ de l'une des trois gares du centre-ville (Pearse, Tara, ou Connolly station). Howth est le terminus de la ligne, 25 minutes de trajet.

Si Dublin est une capitale côtière, il faut cependant sortir du centre-ville pour apercevoir la mer. La péninsule de Howth, au nord de la baie de Dublin, est la destination idéale. Au fil des années, Howth est devenue très populaire, à la fois des visiteurs, mais aussi des citadins qui veulent s'offrir un bol d'air iodé le week-end. Office de tourisme nouvellement installé sur Harbour Rd.

Le port de pêche

Le visiteur descendra à la petite gare qui touche le port de pêche, très vivant grâce aux poissonniers, fish and chips et restaurants familiaux qui proposent les produits frais pêchés du jour. Sans aucun doute la plus large sélection de fruits de mer et de poissons de la capitale irlandaise, et les files de gourmets qui s'étalent à l'extérieur le Samedi matin en disent long !

Au niveau du port de pêche, le matin, quand les chalutiers rentrent au port, certains ne s'y trompent pas : la cantine est ouverte pour les opportunistes ! Les hérons n'ont aucun souci à s'afficher ici à bec découvert pour venir piquer dans les reliquats laissés sur les quais du port. Mais les chouchous du port de pêche, ce sont bien les phoques, qui viennent tourner autour des bateaux en attendant un poisson jeté par-dessus bord. Il y en a toujours au moins un à l'affût, et si l'on se pose sur la jetée au bout du port, quand le temps est favorable, on peut observer les allées et venues de ces mammifères marins.

Quelques compagnies sur le port proposent des tours en bateau, commentés en anglais.

Attention aux voleurs !

Si vous décidez de prendre un snack à emporter pour profiter de l'air marin, méfiez-vous des goélands qui se font un malin plaisir de chaparder la nourriture qui se trouve dans vos mains, que ce soit un croissant ou une frite… Et ce, même si vous marchez (vécu !) … Vous êtes prévenu !

Les quais et le port de plaisance

La balade se fait naturellement, en suivant le quai depuis le port de pêche. Pubs, fish and chips, marché et cafés jalonnent la route qui suit le front de mer.

Balade sur les falaises de la péninsule

Là encore, le chemin se fait tout naturellement depuis le port de plaisance : panneau informatif et route qui grimpe le long de la mer, vers les falaises que vous apercevez au loin. Le sentier est balisé, avec différents parcours et distances possibles. Le premier point de vue se trouve à 15 minutes de marche, facile d'accès. Vue imprenable sur les ports en contrebas, et les deux îles, dont la bien nommée *Ireland's Eye*, l'œil de l'Irlande. En continuant à flanc de falaises (non sécurisées), la Mer d'Irlande s'étend à perte de vue sur votre gauche alors que roches, fougères et ajoncs vous protègeront des vents sur votre droite. Le deuxième point de vue se trouve 3 kilomètres après le départ du port de plaisance : vue prenante sur Baily Lightouse, le phare de la péninsule, lui-même sur une péninsule, qui marque l'entrée dans la baie de Dublin. En arrière-plan, la côte sud de la baie, et les Monts Wicklow, le plus grand parc national d'Irlande. Les plus courageux pourront continuer en suivant les balisages bleu ou violet qui font le tour de la péninsule (10 à 12km), les autres pourront faire demi-tour et découvrir ces paysages sauvages en sens inverse.

Au-delà des incontournables

- Le stade de Croke Park et le musée des sports gaéliques, détails sur https://crokepark.ie/gaamuseum,
- Malahide et son château, port de plaisance et jolie plage de sable fin, accessible en Dart depuis le centre-ville (terminus de la ligne),
- Dun Laoghaire, apprécié des Dublinois pour une balade le long de son port et front de mer les week-ends ensoleillés. Accessible en Dart depuis le centre-ville (direction Bray ou Greystones).

Quelques pubs supplémentaires

- The Celt, sur talbot street. Il se remplit bien les jours de matchs à Croke Park durant le All-Ireland championship car pas très loin du stade en revenant vers le centre. Une petite devanture qui cache un très grand pub apprécié des Irlandais comme des touristes, avec plein de recoins, tout en profondeur. Musique live certains soirs. https://www.thecelt.ie/
- The Cobblestone, pour une vraie session de musique traditionnelle, sur le côté Nord de Smithfield Square, quelques soirs par semaine et weekends. http://cobblestonepub.ie/.

Pour réserver une visite guidée en Français ou pour des ressources complémentaires sur Dublin et l'Irlande et pour être tenu informé des prochaines publications :

Retrouvez Aurélie

sur le site Raconte-moi l'Irlande,

ainsi que dans sa newsletter

www.raconte-moi-l-irlande.com

Ce guide vous a plu ?

Pensez à laisser un avis sur Amazon, précieuse aide pour soutenir le travail d'Aurélie, passionnée indépendante.

Printed by Amazon Italia Logistica S.r.l.
Torrazza Piemonte (TO), Italy

40959637R00029